BEI GRIN MACHT SICH IHR WISSEN BEZAHLT

AF144596

- Wir veröffentlichen Ihre Hausarbeit,
  Bachelor- und Masterarbeit

- Ihr eigenes eBook und Buch -
  weltweit in allen wichtigen Shops

- Verdienen Sie an jedem Verkauf

Jetzt bei www.GRIN.com hochladen
und kostenlos publizieren

Susi Leberfing

Deprivationsprophylaxe. Erkennen und Handeln einer Deprivation in einem somatischen Krankhaus

GRIN Verlag

Bibliografische Information der Deutschen Nationalbibliothek:

Die Deutsche Bibliothek verzeichnet diese Publikation in der Deutschen National-
bibliografie; detaillierte bibliografische Daten sind im Internet über http://dnb.d-
nb.de/ abrufbar.

Impressum:

Copyright © 2013 GRIN Verlag GmbH
Druck und Bindung: Books on Demand GmbH, Norderstedt Germany
ISBN: 978-3-656-58054-6

Dieses Buch bei GRIN:

http://www.grin.com/de/e-book/267521/deprivationsprophylaxe-erkennen-und-
handeln-einer-deprivation-in-einem

GRIN - Your knowledge has value

Der GRIN Verlag publiziert seit 1998 wissenschaftliche Arbeiten von Studenten, Hochschullehrern und anderen Akademikern als eBook und gedrucktes Buch. Die Verlagswebsite www.grin.com ist die ideale Plattform zur Veröffentlichung von Hausarbeiten, Abschlussarbeiten, wissenschaftlichen Aufsätzen, Dissertationen und Fachbüchern.

Besuchen Sie uns im Internet:

http://www.grin.com/

http://www.facebook.com/grincom

http://www.twitter.com/grin_com

Deprivationsprophylaxe

im

Klinikbereich

Inhaltsverzeichnis

1. Anamnese

1.1. Sozialer Hintergrund

Frau A. wurde 1945 in einem kleinen Bauerndorf in der Türkei als sechstes von acht Kindern geboren. Neben der fünfjährigen Schulausbildung, arbeitete sie vor allem im elterlichen Familienbund als Haushaltskraft mit. Eine berufliche Ausbildung war für Mädchen in dieser Region ausgeschlossen so dass Frau A. mit siebzehn einen entfernten Verwandten heiratete und selbst Mutter von fünf Söhnen wurde. Allen fünf ermöglichte sie und ihr Mann eine bessere Ausbildung, so dass vier davon im Erwachsenenalter nach und nach in verschiedene europäische Länder emigrierten. 1995 verstarb der Ehemann von Frau A. an einem Herzinfarkt. Frau A. war seither noch enger in die dörfliche Gemeinde eingebunden und auch zwei ihrer Kinder lebten noch in der unmittelbaren Nachbarschaft. 1998 verunglückte ihr ältester Sohn, was Frau A. damals – nach Angaben von Familienmitgliedern in eine schwere Depression riss. Diese blieb unbehandelt, jedoch beschloss der verbleibende Sohn daraufhin ebenfalls nach Deutschland auszuwandern und seine Mutter mitzunehmen. Seit 2001 lebt Frau A. nun, zusammen mit ihrem zweitältesten Sohn und dessen Familie in einer kleinen Wohnung in Erding. Das Verhältnis zur deutschen Schwiegertochter war von Anfang an sehr schwierig. Frau A. wurden keine nennenswerten Aufgaben im Haushalt zugedacht und sie fühlte sich „nicht mehr gebraucht und nützlich". Lediglich der Kontakt zu ihren deutschsprechenden Enkelkindern bereitete ihr Freude und motivierte Sie rasch die deutsche Sprache zu erlernen. Außer den wöchentlichen Einkäufen bei einem türkischen Gemüsehändler hatte sie jedoch keinerlei Kontakt zu sonstigen Mitgliedern der örtlichen muslimischen Gemeinde.

1.2. Krankengeschichte

Ihre psychische Niedergeschlagenheit nahm stetig zu, so dass sie sich auf Anraten ihres Sohnes in hausärztliche Behandlung begab. Neben einer schweren Depression wurde 2006 zugleich ein Diabetes mellitus sowie eine chronische Hypertonie diagnostiziert. Die Erkrankungen wurden von hausärztlicher Seite medikamentös behandelt. Frau A. nahm die Patientenschulungen zur Zuckerkrankheit gut an und war in der Lage sich die vorgegebenen Insulininjektionen selbstständig zu verabreichen.

Auch ihr Stimmungstief konnte mit entsprechender Medikamention gut in den Griff gebracht werden. Der chronische Hypertonus wurde mit der Vergabe von Beta-Blockern ebenfalls gut eingestellt.

Erster Krankenhausaufenthalt (14 Wochen):

2012 stürzte Frau A. eine Treppe hinunter und zog sich einen Oberschenkelhalsbruch sowie eine komplizierte Kniegelenksfraktur zu. Im Klinikum Erding wurde bei deren Behandlung außerdem eine fortgeschrittene Arthrose im Hüft- sowie im rechten Kniegelenk festgestellt, so dass ein künstlicher Gelenkersatz an beiden Gliedmaßen zum Einsatz kam. Während die Heilungsphase am Knie gut verlief, entzündete sich jedoch das neue Hüftgelenk so sehr, dass dieses wiederum ausgetauscht werden musste.

Während des sechswöchigen Aufenthaltes in einer Rehabilitationsklinik verschlechterte sich der Allgemeinzustand der Patientin immens. Sie klagte über starke Bauchschmerzen, und Appetitlosigkeit. Nach mehreren eingängigen Untersuchungen wurde ein kolorektales Karzinom diagnostiziert.

Zweiter Krankenhausaufenthalt (4 Wochen):

Frau A. unterzog sich Anfang 2013 einer chirurgisch-operativen Therapie bei der der befallene Darmabschnitt entfernt wurde und ein temporärer künstlicher Darmausgang (Anus Praeter) angelegt wurde. Im März 2013 konnte Frau A. aus unserem Krankenhaus zur abermaligen stationären Rehabilitation entlassen werden. Hier erholte sie sich recht gut und erlernte dort auch eine selbstständige Stomaversorgung sicher durchzuführen.

Dritter Krankenhausaufenthalt (3 Wochen):

Im Mai 2013 konnte der Anus Praeter erfolgreich in der Klinik Erding zurückverlegt und Frau A. nach Hause entlassen werden.

Vierter Krankenhausaufenthalt (bisher 3 Wochen)

Im Juni 2013 wurde Frau A. vom Hausarzt erneut aufgrund starker Schmerzen mit akuter Versteifung im rechten Kniebereich in das Klinikum Erding eingewiesen. Nach einschlägigen Untersuchungen wurde eine Infektion im Bereich der Kniegelenksprothese diagnostiziert. Ein Operationstermin zum erneuten Prothesenaustausch wurde vereinbart. Einen Tag vor dem geplanten Eingriff klagte Frau A. über Übelkeit und Durchfall. In der Nacht kam noch starkes Erbrechen hinzu. Die Patientin wurde daraufhin sofort isoliert und der Labortest bestätigte eine Infektion mit dem Clostridium difficile Bakterium.

Frau A. baute körperlich sowie auch geistig während ihrer zehntägigen Isolation offensichtlich und zunehmend ab. Sie verweigert die selbstständige Nahrungsaufnahme und lässt sich nur unter Anwesenheit einer Pflegekraft von dieser zum Essen anleiten. Das Waschen mochte sie ebenso nicht mehr selbst übernehmen, sowie auch die vormals stets selbst verabreichte Insulingabe. Auch die regelmäßigen Besuche ihres Sohnes, der vorwiegend allein und ohne seine Frau und Kinder kam, schien Frau A. nicht aktiv wahrzunehmen. Eine Kommunikation kam dabei in keinster Weise zustande. Frau A. gab lediglich kurze, teils abwesend wirkende Antworten.

Nachdem keine Bakterien des Clostridium Difficile mehr nachweisbar waren, wurde die Patientin in ein Zweibett-Zimmer verlegt. Es galt nunmehr ihren Allgemeinzustand noch weiter so zu stabilisieren, um den Eingriff zum Ersatz der entzündeten Knieprothese vornehmen zu können.

Zusätzliche Informationen zur Patientin: Frau A. besitzt seit 12 Jahren ein Hörgerät und benötigt zum Lesen eine Brille. (entnommen aus dem Aufnahmebogen / Sensorische Fähigkeiten)

1.3. Medikamention

Folgende Medikamente werden Frau A. aktuell verabreicht:

Carvedilol 25 mg (Betablocker)

Carvedilol wird bei mäßiger bis schwerer Herzmuskelschwäche eingesetzt, um in Kombination mit einer Standardtherapie (mit ACE-Hemmern und Entwässerungsmitteln mit oder ohne Herzglykoside) die Belastung des Herzens zu verringern. Dabei wird der Blutdruck normalisiert und die Belastung des Herzens verringert.

Torasemid-Corax 10 mg (Diuretika)

Zur Behandlung und Vorbeugung des Wiederauftretens von Wasseransammlungen in Geweben (kardiale Ödeme) und/oder Körperhöhlen (Ergüsse) aufgrund von Funktionsstörungen des Herzens (Herzmuskelschwäche).

Protaphane Penfill 100 (Insulin human)

Zur Behandlung von Diabetes mellitus . Protaphane Penfill 100 I.E./ml Zylinderampullen" enthält eine Mischung des Wirkstoffs Insulin human, ein Arzneimittel aus der Gruppe der sogenannten Antidiabetika. Die blutzuckersenkende Wirkung von Insulin beruht auf der Fähigkeit des Moleküls, durch Bindung an Insulinrezeptoren in Muskel- und Fettzellen die Aufnahme von Glukose zu erhöhen. Gleichzeitig wird die Freisetzung von Glukose aus der Leber verhindert.

Diclofenac 75 mg

Enthält den Wirkstoff Diclofenac, ein Arzneimittel aus der Gruppe der sogenannten nicht-steroidalen Antiphlogistika/Analgetika. Diese sind schmerzstillende und entzündungshemmende Arzneimittel v.a. nach Gelenksoperationen.

Lyrica 50 mg

Der darin enthaltene Wirkstoff Pregabalin wird bei Erwachsenen zur Behandlung von neuropathischen Schmerzen. Mit Pregabalin werden lang anhaltende Schmerzen behandelt, die durch Schädigungen der Nerven ausgelöst wurden.

Marcumar 1,5 mg

Marcumar A.C.A. Tabletten" enthält den Wirkstoff Phenprocoumon, ein Arzneimittel aus der Gruppe der sogenannten Antikoagulantia und ist ein Vitamin-K-Antagonist aus der Gruppe der Cumarine. Es dient der Behandlung und Vorbeugung der Blutpfropfbildung (Thrombose, Thromboseprophylaxe), sowie Behandlung und Vorbeugung des Verschlusses von Blutgefäßen durch Blutpfropf (Embolie, Embolieprophylaxe),

Tramadol - CT 150 mg

Tramadolhydrochlorid, der Wirkstoff in Tramadol AL 150 mg, ist ein sogenanntes Opioid-Analgetikum. Er wirkt auf das zentrale Nervensystem (Gehirn und Rückenmark) und ist ein stark wirksames Arzneimittel zur Schmerzlinderung.

Venlafaxin 150 mg

Venlafaxin - CT 150mg enthält den Wirkstoff Venlafaxin, ein Arzneimittel aus der Gruppe der sogenannten SNRI (Serotonin-Noradrenalin-Wiederaufnahmehemmer), Mittel gegen Depressionen und Angst.

Sterofundin 3x500 ml

Sterofundin ist eine Lösung zur Zufuhr von Flüssigkeit und Mineralien (Elektrolyten) direkt in den Blutkreislauf über einen Venentropf (intravenöse Flüssigkeits- und Elektrolytzufuhr).Sie dient dem Flüssigkeits- und Elektrolytersatz bei ausgeglichenem Säuren-Basen-Haushalt sowie bei leichter Übersäuerung des Blutes (Acidose).

2. Die Deprivation

Synonyme im weiteren Sinne
- *Psychischer Hospitalismus*
- *Hospitalisierungssyndrom*
- *Kaspar-Hauser-Syndrom*
- *anaklitische Depression*

2.1. Definition

Der Begriff Deprivation stammt aus dem Lateinischen uns setzt sich zusammen aus der Vorsilbe „de" ~ weg und dem Verb „privare ~ rauben. Er bezeichnet den Zustand der Entbehrung, des Entzuges, des Verlustes oder der Isolation von etwas Vertrautem sowie das Gefühl einer Benachteiligung.

2.2. Terminologie

Den Namen „Hospitalismus" erhielt dieser Zustand aus dem Grund, dass er zuerst bei Kindern, die sich über einen längeren Zeitraum hinweg in Heimen und Krankenhäusern (= Hospital) aufgehalten hatten, beschrieben wurde. Doch diese Störung kann durchaus auch bei älteren Personen, die sich lange in Isolation bzw. lokal sowie auch emotional in einem vom Altbekannten und Gewohnten abgeschnittenem, reizarmen Umfeld befinden. Oftmals wird bei älteren Patienten ein dieser Zustand als akute Depression diagnostiziert. Jedoch sollte man stets im Auge behalten, seit wann sich die typischen Symptome äußern und ob dieses in unmittelbaren Zusammenhang mit einem langen und/oder immerwiederkehrenden stationären Aufenthalt in Verbindung gebracht werden kann. Erfahrungsgemäß sind Personen, welche eine Veranlagung zur Depression vorweisen hochgradiger gefährdet als Patienten ohne eine derartige psychische Vorerkrankung. *Neben dem hier beschriebenen psychischem Hospitalismus, gibt es auch den so genannten infektiösen Hospitalismus, d.h. durch pflegerische und ärztliche Vernachlässigung ausgelöste Krankheiten.*

2.3. Ursachen

Vor allem in Krankenhäusern und Heimen bekommen Patienten und Gepflegte häufig nicht die Aufmerksamkeit, die sie bräuchten Das Personal ist teilweise überlastet, kann und möchte sich nicht viel Zeit für den Einzelnen nehmen. Früher war man sich dessen nicht genügend bewusst, dass es nicht ausreicht, die Grundbedürfnisse zu decken und auch heute muss teilweise noch daran erinnert werden, dass Zuwendung ein Teil der Pflege sein muss. Auch das Fehlen von Reizen kann zu Hospitalismus bzw. Deprivation führen, wie es bei längerem Aufenthalt in vom unmittelbaren Umfeld isolierten, dunklen und schallundurchlässigen Räumen vorkommt. Besonders auch ein Mangel an Bewegung (Bsp.: Gipsverband) kann problematisch werden.

Ein berühmtes Beispiel für den psychischen Hospitalismus, das für ein Synonym herhalten musste, ist das Findelkind Kaspar Hauser. Dieser wurde zu Beginn des 19. Jahrhunderts in Nürnberg gefunden. Er zeigte alle der oben genannten Symptome in höchster Ausprägung, was wahrscheinlich daran lag, dass er die ersten 16 Jahre seines Lebens eingesperrt in einem dunklen Kerker verbrachte.

2.4. Symptome

Grundsätzlich kann man körperliche von seelischen Beeinträchtigungen unterscheiden.

physisch	psychisch
• Appetitmangel	• Sprachfindungsstörungen
• Abmagerung	• Depression
• vermind. Denkvermögen	• Apathie
• vermind. Bewegungsfähigkeit	• intellektueller Abbau
• vermind. Reaktionsvermögen	• regressive Entwicklung (Zurückfallen in den
• verminderte Feinmotorik	„Kind-Modus")
• Konzentrationsunfähigkeit	• instabiles Selbstwertgefühl
• Schläfrigkeit	• Unsicherheit, Angst, Panikattacken
• Muskelabbau	• Abnahme der Empathiefähigkeit
• zwanghaft ausgeführte Bewegungen	• Selbstmitleid
(Stereotypien)	• Interessensverlust
• erhöhte Anfälligkeit für Infektionen	• Demotivation
	• Abnahme der Willensstärke
	• Boderlinestörung (Gefahr der aktiven Selbstverletzung)
	• Verlust der Körperwahrnehmung

Personen mit einem Deprivationssyndrom, nehmen augenscheinlich keinerlei Anteil mehr an ihrer Umwelt. Es scheint ihnen völlig egal zu sein was mit ihnen passiert. Selten weigern sie sich aktiv sondern erleiden passiv ihr Dasein. Hierbei entsteht vor allem im Bereich der sozialen Kommunikation und Beziehungsfähigkeit ein Teufelskreis. Angehörige werten diese Teilnahmslosigkeit als Zurückweisung ihrer Fürsorge und ziehen sich mehr und mehr zurück. Für den Pflegebereich ist diese Apathie vor allem deswegen schwer zu handhaben, da sich der Patient weigert selbst und aktiv an seiner Genesung beizutragen, lässt aber Pflegehandlungen an sich kommentarlos über sich ergehen. Dies kann Pflegende dazu verleiten, von einer unbedingt nötigen aktivierenden und anleitenden bzw. teilkompensatorischen Pflege zur kompensatorischen Pflegehandlungen überzugehen. Somit fällt auch in der Pflege der letzte mögliche Ansatzpunkt einer Aktivierung weg.

2.5. Diagnose

Die Diagnose eines psychischen Hospitalismus wird gewöhnlich von einem Psychiater erhoben. Um die Erkrankung besser abgrenzen zu können ist es hilfreich zu erfragen, unter welchen Umständen die Symptome das erste Mal auffielen. Außerdem zeigt der Hospitalismus Ähnlichkeit zur Depression. Diese zeigt ebenfalls einen anderen Verlauf kann aber u.U. mit auslösend bzw. verstärkend einwirken. Unterbleibt eine Prophylaxe bzw. ein Behandeln einer bereits entstandenen Deprivation kann es zu bleibenden Schäden, die einer psychotherapeutischen Behandlung bedürfen. kommen. Also ist es wichtig, sich der Krankheit möglichst früh bewusst zu werden, zu erkennen und gegenzusteuern.

3. Deprivationsprophylaxe

Grundsätzlich muss zuallererst die schädliche Umgebung verlassen werden. Dies bedeutet die sofortige Verlegung der Patientin in ein Mehrbettzimmer nach ärztlicher Aufhebung der Isolation. Die Patientin sollte in eine möglichst fürsorgliche und an Anreizen reiche Umgebung gelangen, die es ermöglicht Defiziten vorzubeugen und die ersten Symptome verschwinden zu lassen.

3.1. Ziele der Prophylaxe

- Die Patientin gewinnt den vertrauten Bewusstseinsstatus wieder.
- Ein Reizmangel wird vermieden.
- Die Patientin wird stärker in die Gemeinschaft/das Umfeld der Einrichtung eingebunden.
- Die Körperwahrnehmung wird verbessert.
- Es werden Anregungen im visuellen und im kommunikativen Bereich angeboten.
- Die Patientin kann die ATL`s die sie vor dem Klinikaufenthalt selbstständig bewältigt hat, wieder ohne Hilfe durchführen (hier: waschen, Insulingabe, Essen, Trinken, Toilettengang)

3.2. Prophylaktische Maßnahmen

3.2.1. Erkennen gefährdeter Patienten

Hierzu ist eine möglichst umfassende Informationssammlung bezüglich Lebensgewohnheiten, Krankengeschichte, Vordiagnosen und gewohnten sozialen Umfeld dringend erforderlich. Diese sind meist schon im Aufnahmebogen dokumentiert und müssen nunmehr mit dem Hintergrund einer drohenden Deprivation neu interpretiert werden.

3.2.2. Vertrauen, Geborgenheit und Sicherheit aufbauen

Von der gängigen funktionellen Pflege sollte in die Bezugspflege übergegangen werden. Dem Patienten, der im Krankhaus gezwungen ist, die Nähe von vielen verschiedenen Personen zuzulassen (Laborassistenten, Physiotherapeuten, wechselndes Ärzteteam, Hol- und Bringdienst, Servicekräften etc.) sollte wenigstens im Pflegebereich die Möglichkeit geben werden, zu mindestens einer Pflegekraft ein Vertrauensverhältnis aufbauen zu können. Auch hier ist zu beachten, dass diese befähigt ist, auf die persönlichen Bedürfnisse einzugehen. Gleichfalls sollte erfragt werden, ob der Patient ein Geschlecht des Pflegepersonals mehr akzeptiert.

Sicherheit kann durch einen strukturierten Tagesablauf vermittelt werden. Wichtig hierbei ist Pflegehandlungen und sonstige Behandlungen gut über den gesamten Tag zu verteilen, um nicht zu viele Aktivitäten am und mit dem Patienten innerhalb eines begrenzten Zeitrahmens stattfinden zu lassen, so dass danach eine Art „Leerlauf" entsteht.

3.2.3. Sensorische Fähigkeiten überprüfen und optimieren

Es ist sicherzustellen, dass Hörgeräte sowie Sehhilfen noch funktionsfähig bzw. den augenblicklichen Fähigkeiten des Patienten angepasst sind. (Seh- und Hörtest). Es muss ausgeschlossen werden, dass z.B. eine Kommunikation nur deshalb nicht stattfindet, weil der Patient nichts oder nur unzureichend hört oder sieht.

3.2.4. Sinneswahrnehmungen fördern und fordern

Durch Massagen und Einreibungen können dem Patienten über die Haut Reize vermittelt werden. Er kann dadurch seinen Körper wieder besser wahrnehmen und erspüren (z.B. Waschungen mit warmen, kühlem Wasser; Massagen mit rauem, weichen Frotteetuch, bloßen Händen; anregende und beruhigende Einreibungen). Wichtig hierbei ist es auch, den Patienten die gesetzten Reize nachvollziehbar zu machen, indem man ihn über die Stimulation informiert und ihn ebenso anleitet, diese ganz oder teilweise auch selbstständig durchführen zu können.

Zu beachten ist auch, dass bettlägerige Patienten nicht fortwährend auf einer Weichmatraze gelagert werden, sondern diese in regelmäßigen Abständen durch eine härtere Unterlage ausgetauscht wird, um die eigenen Körperbegrenzungen besser wahrnehmen zu können.

3.2.5. Optische und akustische Stimulation

Anregung der geistigen Fähigkeiten durch das Anbieten eines TV-Gerätes, Radio, CD-Player. Ebenso kann man Kunstbildbände o.ä. bereitlegen um auch die optische

Aufnahmefähigkeit zu fördern. Selbstverständlich sind auch „kleine Ausflüge" in den Klinikpark oder auch in die Cafeteria (gilt auch für die soziale Stimulation) sehr zuträglich. Der Blickwinkel aus dem Bett sollte regelmäßig verändert werden (Veränderung der Position).

3.2.6. Kinetische Stimulation

Hier sollte vor allem die Anregung zur Mobilisation in Vordergrund stehen. Vor allem in Kliniken wird der Patient auf das stetige Verbleiben im Zimmer aufgefordert (Anwesenheit bei Visite, Physiotherapie, Verfügbarkeit bei angesetzten Untersuchungen..). Vor allem bei älteren Patienten herrscht die Meinung vor, dass man als Patient im Bett zu liegen hat. Pflegekräfte sollten jedoch darauf hinwirken, dass „mobile" Patienten die Krankenhausumgebung „erkunden"; Wichtig ist es dabei, dem Patienten zu vermitteln, dass er das darf, indem man ihn dazu anleitet, sich z.B. vor dem Frühstück zu waschen und anzuziehen. Das Frühstück sollte möglichst am Tisch serviert und wenn möglich mit weiteren Patienten zusammen eingenommen werden.

Jegliche Mobilisation wird vom Pflegepersonal und Physiotherapeuten so weit wie nötig unterstützt. Auch sollten Hilfsmittel (Rollstuhl, Gehilfen etc..) bei Bedarf stets verfügbar und eingesetzt werden.

3.2.7. Kognitive Aktivitäten fördern

Hier werden die kognitiven Hirnfunktionen wie Erinnern, Denken, Beurteilen gefordert und gefördert. Dies kann durch die persönliche Kommunikation mit der Pflegekraft geschehen (z.B. Sich über den vergangenen Tag, gesellschaftliche Ereignisse, Wetter etc. unterhalten). Dem Patienten sollten Tageszeitungen, eine Bücher- / Illustriertenauswahl sowie der Zugang zu Veranstaltungen wie Gottesdienste, Vorträge, hausinternen Ausstellungen ermöglicht werden.

3.2.8. Soziale Stimulation

Der Patient sollte vor allem von Angehörigen während seines Klinikaufenthaltes begleitet werden. Besuche, auch von großen Familien, sollten jederzeit gestattet und ermöglicht werden. Sollte eine Entfremdung stattgefunden haben, so kann eine Zusammenführung seitens des Sozialdienstes organisiert und belgeitet werden. Dies ist in der Pflegeplanung zu dokumentieren, da eine derartige Zusammenführung sich psychisch wie auch physisch auf den AZ des Patienten auswirken kann. Jede Möglichkeit „gleichgesinnte" Patienten zusammenzulegen sollte ausgeschöpft werden. Auch gegenseitige Patientenbesuche sollten stets gestattet sein. Die

Umgebungsgestaltung trägt zur sozialen Stimulation bei. Oft wissen die Patienten nicht, dass es durchaus gestattet ist, persönliche Gegenstände (eigene Kissen, Bezüge, Bilder, bestimmte Kosmetika) in das so steril erscheinende Krankhauszimmer mitzubringen. Eine Milieugestaltung mit Vertrautem mildert das Gefühl der Befremdung im hohen Maße.

Anmerkung:

Bei allen möglichen Maßnahmen zur Deprivationsprophylaxe sollte immer der persönliche Belastungsgrad des jeweiligen Patienten im Auge behalten werden. Der Patient darf nicht überfordert werden. Es muss fortwährend evaluiert werden, welche Maßnahmen noch aktuell und sinnvoll sind. Dies setzt einen engen und persönlichen Austausch mit dem Patienten voraus. Seine Bedürfnisäußerungen müssen immer beachtet, berücksichtigt und vor allem ernst genommen werden.

4. Angewandte Deprivationsprophylaxe

Aufgrund der Informationen im Aufnahmebogen und mehreren Gesprächen mit dem Sohn der Patienten war unserem Pflegeteam sehr schnell klar, dass Frau A. wegen der vielen und langen Krankenhausaufenthalte und bezüglich der bevorstehenden Operation, sehr niedergeschlagen, mutlos und ängstlich ist. Die vielen neuen Eindrücke in einem ihr noch weitgehend unbekannten Land machen ihr Angst und lähmen sie in ihrer Motivation zur Genesung geradezu.

Auch aufgrund ihres streng gelebten muslimischen Glaubens lehnt sich die Behandlung durch männliches Personal ab.

Dies wurde dokumentiert und veranlasst nur weibliches Pflegepersonal in das Zimmer von Frau A. zu lassen. Nach Rücksprache mit dem zuständigem Ärzteteam konnte auch vereinbart werden, dass Untersuchungen durch weibliche Ärzte erfolgen und der zuständige Facharzt die Visite nur zum Informationsaustausch nutzte (→ *Maßnahme zum Vertrauensaufbau).*

Ich persönlich hatte das Glück während des Aufenthaltes von Frau A. stets im Frühdienst eingeteilt worden zu sein und konnte somit selbstständig entscheiden wann und welche Pflege ich Frau A. zukommen ließ, da mir die Zuständigkeit hierfür für Frau A. vom Pflegeteam übertragen wurde (→ *Maßnahme zum Vertrauensaufbau, Aufbau einer Patientenbeziehung).*

Vor dem Messen der Vitalwerte, leitete ich Frau A. stets an ihr Hörgerät einzulegen sowie ihre Brille aufzusetzen (→ *Maßnahme der Optimierung von Seh- und Hörfähigkeit*). Danach konnte sie motiviert werden, sich ihre tägliche Insulingabe selbst zu verabreichen. Dabei lobte ich sie und versuchte auch sonst ständig mit ihr im Gespräch zu bleiben (→ *Maßnahme zur Förderung der kognitiven Aktivitäten*).

Frau A. verstand die deutsche Sprache sehr gut, wenn man nur deutlich und langsam mit ihr kommunizierte. Nach der Insulingabe vereinbarte ich mit der Patientin einen Zeitpunkt, zu dem ich ihr bei der Morgentoilette behilflich sein sollte. Somit hatte sie nach der Nachtruhe noch etwas Zeit sich zu regenerieren und auf das Waschen vorzubereiten.

Nach ihrer anfänglichen Weigerung, das Bett zum Waschen zu verlassen, konnte ich sie für den Gang ins Bad mit der Begründung, das Bett frisch beziehen bzw. aufschütteln zu wollen, überzeugen. Frau A. war noch sehr unsicher auf den Beinen. Daher gab ich ihr Hilfestellung und Gelegenheit sich am Waschbecken hinzusetzten (→ *Maßnahme zur kinetischen Stimulation/Mobilisation*).

Beim Waschen verwandte ich ihre eigenen Pflegemittel (→ *Maßnahme zur Förderung des Geborgenheitsgefühls*) und wandte unterschiedliche Waschmethoden aus dem Bereich der basalen Stimulation an: z.B. Waschen mit kühlerem Wasser, Waschen mit warmem Wasser, Abreibung aktivierend oder beruhigend, Trocknen mit einem weichem Handtuch bzw. einem raueren Handtuch. Dabei war es mir wichtig immer nachzufragen, was Frau A. als angenehm oder weniger schön empfand (→ *Maßnahme zur Förderung der Sinneswahrnehmung*). Schon am zweiten Tag übernahm Frau A. teile der Hautpflege selbst und fand somit heraus, welchen Ablauf und welche Methodik sie favorisiert. Wichtig war mir, Frau A. nach der Morgentoilette ihre Tageskleidung anzuziehen. Wir wählten die Kleidungsstücke zusammen aus und ich gab ihr lediglich auf ihren Wunsch hin Hilfestellung (→ *Maßnahme zur Mobilisation/Förderung zur Wahrnehmung einer Tagesstruktur*). Das Frühstück servierte die Servicekraft am Tisch und nicht mehr wie zuvor am Bett (→ *Maßnahme zur Förderung der Mobilität*). Da die Mitpatientin, Frau M. - jedoch nicht in der Lage war, ihr Frühstückebenfalls außerhalb des Bettes einzunehmen, bereitete ich für Frau A. ihren Platz am Tisch so, dass sie ihrer Mitpatienten nicht den Rücken zu wandte und beide miteinander kommunizieren konnten. Frau M. erwies sich, aufgrund ihrer offenen und extrovertierten Art als Glücksgriff um Frau A. im Gespräch zu halten. Beide fanden sehr bald Gesprächsthemen (Urlaub in der Türkei, Einkaufen beim türkischen Lebensmittelhändler etc.) die Frau A. in ihrer → *sozialen Stimulation* sehr förderte.

Das Serviceteam besorgte täglich eine türkische Tageszeitung, die Frau A. üblicherweise stets nach dem Frühstück las (→ *Förderung der kognitiven Aktivität*). Auch nach Rücksprache mit dem Sohn, brachte dieser weitere türkische Zeitschriften, den Koran sowie auch gerahmte Familienfotos mit (→ *Maßnahme zur Förderung der Geborgenheit*).

Über meine persönlichen Beziehungen zur örtlichen Nachbarschaftshilfe, konnte nach vier Tagen ein Besuchsdienst aus der hiesigen muslimischen Gemeinde organisiert werden. Es stellte sich heraus, dass Frau A. schon einige der Mitglieder, von ihren regelmäßigen Einkäufen beim türkischen Gemüsehändler, kannte und somit wurde ein regelmäßiger Besuchsturnus von drei Tagen vereinbart. Abwechselnd begleiteten die Besucher Frau A. in die Cafeteria, in den Klinikpark sowie zur muslimischen klinikinternen Gebetsstätte (→ Förderung sozialer *Kontakte*).

5. Reflexion und Ausblick

Natürlich musste von Anfang an in Betracht gezogen werden, dass sich die Niedergeschlagenheit und die Apathie von Frau A. auch auf die Einnahmepause ihrer Antidepressiva (Venlafaxin wurde auf AAO wegen ihrer Clostridium D.-Infektion ausgesetzt) begründete.   Doch der Blick auf ihre lange Krankengeschichte sowie ihren sozialen Hintergrund ließ uns gemeinsam im Team beschließen, vorsorglich eine Deprivationsprophylaxe durchzuführen.

Schon nach einer Woche konnte   ich eine Verbesserung des anfänglich noch sehr gleichgültigen Zustandes von Frau A. feststellen. Sie war kommunikativer und konnte mittlerweile sehr energisch auf Dinge hinweisen, die ihr unangenehm waren. Sie vermittelte den Eindruck, sich wieder ihrer selbst und ihren eigenen Bedürfnissen bewusster zu sein.

Für mich persönlich war das Beobachten dieser Entwicklung sehr schön und bestärkte mich noch mehr in der Erkenntnis,   dass mit einer persönlichen und stets neu angepassten Pflegeplanung sehr viel zur Genesung eines Patienten beizutragen ist.

Die Forder- und Förderung der sensorischen, sozialen, kognitiven und emotionalen Fähigkeiten von Frau A. ist nicht zuletzt der Flexibilität und Toleranz des gesamten Pflegeteams zu verdanken. Es gewährte mir die Zeit die ich für die Bezugspflege brauchte und ich erfuhr eine ausgezeichnete Unterstützung und Anleitung.

Frau A. konnte sich während dieser Zeit physisch und vor allem psychisch gut auf die bevorstehende Operation vorbereiten und fühlte sich in dem geschaffenen sozialem Netz aufgefangen und geborgen.

.

Quellenangaben / Literaturverzeichnis

→ Wikipedia, freie Enzyklopädie

→ Wiktionary, Wikiwörterbuch

→ Lebenshilfe ABC, Nachlagewerk & Lexikon Psychologie

→ Ulrich Kamphausen, Prophylaxen in der Pflege 5. Auflage (Kohlhammerverlag)

→ Web-Auftritt d. Schotterblume e.V.

→ symptomat.de, Medizin-Lexikon der Gesundheit